Arturo Pérez Durán

Después de un Adiós

Arturo Pérez Durán

Prólogo

Es un gran honor para mí escribir una aportación para este increíble y sentimental libro, cuyo autor es una persona que sabe cómo transmitir aquellas emociones que no siempre, encuentran la salida de nuestro interior. Durante los últimos 2 años he admirado su trabajo y me ha inspirado a escribir con el alma en la mano. Su gran dedicación es algo que hace único y especial cada escrito que sale de su interior.

Todos los seres humanos tenemos la capacidad de interactuar con nuestro entorno, creando así diversas relaciones que van determinando el rumbo de nuestros caminos. Uno de los sentimientos que más influye en dichas relaciones es el amor, el amor es una reacción química biológica compleja en la cual influyen factores psicológicos y sociales.

El autor de la presente obra ha pasado por ciertas circunstancias relacionadas con este sentimiento llamado amor que detonaron la creación de este libro, teniendo la necesidad de expresar todo aquello que en su momento no logró, esto lo lleva a compartir con los lectores su experiencia personal con el fin de dejar una huella.

Dentro de cada corazón y pensamiento que les permita proyectar su historia.

En lo personal me identifico cuando el autor describe al amor como una obra de arte, ya que para mí, el amor es la esencia más sublime del ser, ese momento mágico cuando el ser se encuentra con su yo y puede ser y sentirse a sí mismo así, como a su entorno, ese momento en el que el individuo se siente y se proyecta hacia todo lo que le rodea.

Honestamente recomiendo a los lectores este libro por la transparencia del autor a la hora de plasmar sus palabras, sentimientos y emociones a tal grado de generar sensaciones empáticas al entender que vivió en carne propia los efectos del amor y desamor.

Ixchel Trujillo Durán. Escritora

Para Ixchel

Por hacer magia con tus letras

¿Cuántas veces te han roto el corazón? Tal vez muchas, pero siempre hay una persona en especial que nos marcó la vida para siempre. Sé cómo te sientes; También me sentí igual. También me rompieron en pedazos, al igual que tú. Me sentí culpable en muchas ocasiones, llegando incluso a querer pedir perdón cuando sabía que no era yo quien había fallado. Me encerré en mi soledad, preguntándome por qué me habían hecho esto.

Tomé unas hojas de papel y empecé a escribir todo ese dolor y esa tristeza. Escribí esto, que hoy es un libro, el cual quiero compartir contigo para ayudarte a sanar, ser esa compañía que yo no tuve. Aquí encontrarás la esencia de mis letras, mi verdadero sentir. No son poesías románticas; son letras crudas, son líneas que lastiman y desgarran mis heridas. Lo que no puedo gritar, pero si lo callo, muero. Son el dolor de mis vivencias, las lágrimas de un amor, los recuerdos de quien un día me dijo adiós.

Te quiso mucho,

de eso no me queda duda.

Pero te quiso. Es algo pasado

que no volverá, y aferrarte

termina por romperte el alma.

Te quiso, eso lo sé.

Te cuidó, te mimó,

te llevó de la mano,

te dedicó canciones.

Pero ahora, te olvido.

Arturo Pérez Durán

.

Te lloré varias noches, y gota a gota, Me fui olvidando de ti.

No te quiero ver triste

No quiero verte triste,

sé que tienes tu corazón roto

por culpa de alguien

que no supo amarte.

Sé que amar duele y duele mucho;

también he amado y aún no olvido.

No quiero verte triste.

Sé lo que duelen las decepciones

y entiendo que te sientes confundida.

Quisiera curar tu lastimado corazón.

Lo diste todo, amaste como pocos

saben hacerlo.

Nadie advierte las consecuencias de enamorarse.

No hay ningún manual para el amor.

No quiero verte triste.

Quiero hacer lo imposible

por devolverte esa sonrisa que el amor marchitó.

Arturo Pérez Durán

Si diste todo lo que pudiste y aun así no fue suficiente, ya no insistas, no es ahí

Díganle que la extraño

Si alguien la ve, díganle que aún la extraño, que aún le sigo escribiendo, que cada vez que pienso en ella, mis ojos se nublan por las lágrimas que al recordarla no puedo evitar. Díganle que estoy muy orgulloso de ella, de sus logros, de lo fuerte que es.

Díganle que como ella no hay ninguna, que aún recuerdo a la chica que caminaba por la playa, la de la hermosa mirada. Díganle lo que quizá en su momento yo no pude decirle, que siempre ha sido una guerrera, la mujer sin límites, la que el mismo destino dudaba de lo que ella era capaz.

Si la ven, ya que yo no puedo verla, díganle que está en mi vida y lo estará siempre. Díganle que nunca deje de luchar por sus sueños. Si se preguntan quién es ella de la que tanto hablo, ella es la loca, testaruda pero con un gran corazón, la que mientras hace el aseo la escuchan cantar canciones de Luis Miguel sin sentir ninguna pena.

Ella es mi inspiración. Díganle que sin ella, los poemas ya no son los mismos. Díganle que la extraño.

Eras

Eras mi vida,

eras mi motivo,

por quien todo lo daba.

Eras culpable

de mi tristeza.

Después de tu partida,

eras el recuerdo

que vivir no me dejaba.

Pero escucha bien:

eras, fuiste,

ya no.

Cuídala

A esa mujer que está a tu lado, no olvides abrazarla todos los días, llenarla de elogios y palabras bonitas, dedicarle poemas que le lleguen al corazón, besarle, pero no solo la boca, también el alma. Hazla sentirse amada, porque tal vez no imaginas la gran mujer que es ella.

Es un poco enojona, terca y toma decisiones sin pensar, pero es maravillosamente hermosa. Cuídala como tal vez yo no pude hacerlo. Siento tristeza porque aún la sueño a mi lado. Aún recuerdo sus gustos, sus comidas, sus pláticas constructivas y su "discúlpame, pero perdóname", que será difícil olvidar.

Esa mujer es única. Nunca la dejes sola, motívala a que cumpla sus sueños, toma siempre su mano y, lo más importante, nunca la traiciones, porque esa mujer de la que te hablo es y será siempre el amor de mi vida. Pero llegué muy tarde a la suya.

Arturo Pérez Durán

Perdona por aún llamarte amor.

No pude explicarle a mi corazón que me habías olvidado.

Temo

Temo que te enamores de la persona equivocada. Que creas que un clavo saca a otro, porque eso no es verdad. Que te lastime y que tu dolor no ceda. Temo que la victoria te sepa a derrota. Que te condenes al sufrimiento de los fracasos del amor. Que te conformes con el sabor de cualquier vino, de cualquier beso, de cualquier boca. Temo que llegues a amar a alguien tanto como me amaste a mí. Que otros brazos sean la hoguera de tu frío. Tengo miedo de que te alejes, donde ya no pueda encontrarte, miedo a tu olvido. Que la vida te separe de mí, que el tiempo te haga olvidarme. Que mañana nos recordemos como un viejo amor perdido.

Arturo Pérez Durán

Claro que pude seguir sin ti,

pero nada fue igual.

No me mereces

Ahora me echas de menos. Ahora extrañas mis labios. Lamentas mi partida, pero cuando estuve, tú no estabas, no me buscabas, no me extrañabas. Ahora soy la herida que en tu alma no cicatriza; ayer fui el que vivir no te dejaba.

Dices que olvidarme no puedes. Quizá yo tampoco podía. Te amé demasiado, que perdí mis alas por un amor de fantasía. No me mereces y tampoco me merecías; por eso, tuve que irme y navegar solo, reencontrarme de nuevo, para darme cuenta de que me faltó. Quererme más y aprender a querer menos.

Arturo Pérez Durán

Ya no me dediques más canciones.

Lo nuestro ya no tiene arreglo.

El libro llamado alma

¿Cuántos recuerdos llevas impregnados en tu alma?
¿Cuántas heridas que aún no pueden cicatrizar?
¿Cuántas veces te dolió recordar ese amor que se fue?
¿Cuántas veces viste una y otra vez esas fotografías y
hacían sangrar más tu herida?

Tu alma es como un libro donde escribes tantas cosas.
Como ese primer amor que te hizo sentir mariposas en
el estómago. Esa primera vez que, con nervios, te
entregaste a quien creías sería el amor de tu vida. La vez
que sonreíste mucho en tu noche de amigas. Las noches
de desvelo, los sueños rotos y otros cumplidos. Cuando
hicieron trizas tus ilusiones y te dejaron amargas
decepciones.

Arturo Pérez Durán

Tan culpable fui yo,
tan culpable fuiste tú,
yo por amarte demasiado,
tú por lastimar mi corazón.

.

Como una tormenta

Si volvieras a verme, sabrás que ya no soy la misma persona a la que un día hiciste pedazos. Sé que en un principio parecía que mi dolor nunca iba a terminar, porque mientras tú sonreías con tu nuevo amor, yo intentaba reconstruir los pedazos de mi herido corazón. No fue nada fácil, pero aprendí que aun después de ti tenía que seguir y continuar de nuevo.

No niego que fue difícil asimilar el dolor de no verte, no tocarte, de sentir tu ausencia, de esos recuerdos que fueron ventarrones que azotaban lo herido de mi alma, porque como tormenta categoría 5 causaste tantos destrozos cómo pudiste, sin darme la oportunidad de evacuar. No me avisaste, como comúnmente se hace cuando se aproxima una tormenta, como si tu objetivo fuera destruirme por completo. Provocaste tantas inundaciones dentro de mí por las tantas lágrimas que derramé, volaron los techos y las paredes de ese amor de sueños que construimos. Hubo apagones en todo mi ser, pensé que sería mi fin.

Pero no, porque como sucede en esos casos, hubo personas que me rescataron y aplicaron el plan DN-III, auxiliaron el desastre que en mí dejaste.

Arturo Pérez Durán

Me reconstruí al igual que se reconstruye el pueblo después de esa tormenta. Hoy, si volvieras a verme, verás que ya no soy el mismo al que un día hiciste pedazos.

Como una tormenta

Nuestro amor fue como el Titanic, majestuoso, excepcional. Pero ahora yace en el fondo del mar.

Necesito soltarte

Necesito soltarte. Dejarte ir, aunque por dentro me haga pedazos el alma, me estoy apagando junto a ti. Mi risa se ha perdido. Debo comprender que este amor se hizo trizas, se fue al vacío, porque no supimos cuidarlo, queriendo ver quién gana, buscando culpables. Y los únicos culpables fuimos nosotros.

No pude romper ese muro de tus pasados ni borrarlos de tu memoria. No pude sanar tus heridas, ni tú las mías. Necesito soltarte, porque mereces encontrar a alguien que en verdad te haga feliz. Te amo, pero tu felicidad no está a mi lado. Me estoy cayendo, pero debo ser fuerte al soltarte. No voy a olvidarte; siempre en mi alma voy a llevarte.

Aprende a soltar lo que te haga daño, porque si te encariñas con la piedra, acabarás descalabrado.

Otra alma

Cuando alguien te lastima,
solo puede sanarte otra alma
que te haga sentir amada,
que te devuelva esa confianza
en ti que habías perdido.

Un alma que te enseñe a perdonar,
que te ayude a sanar,
alguien que, sin esperarlo,
te haga sentir que siempre
se puede volver a amar.

Espero que seas feliz, amor de mi vida,
aunque no estés a mi lado.

Adiós toxico amor

Adiós, mi tóxico amor. Me voy, no puedo seguir con esta forma tuya de amar, si es que se le puede llamar amor. Me voy porque me quiero mucho para quedarme con alguien que no construye, por el contrario, destruye mis sueños y mis ilusiones. Me voy antes de que mi brillo se apague por completo, porque no quiero a mi lado a un egoísta y controlador que piensa que amar es atar a una persona y creerse dueño de mí tiempo y mí espacio.

Adiós, mi tóxico amor. Te quise mucho, pero mi amor propio es mucho más fuerte, más grande que ese amor que tú me dabas. Quiero que sepas esto: el amor no es un "si me dejas, me mato", es estar a tu lado cuando más lo necesitas, es crecer juntos, y eso es algo que nunca supiste. Por eso me voy.

No era amor, pero lo camuflaste tan bien que todo te creí.

Fuiste la decepción de mi vida

Te creí diferente, pero fuiste la decepción de mi vida. Me aventaste al vacío sin importarte que lo haya dado todo por ti. Te creía diferente, pero no fue así; al final, fuiste la persona que destruyó mis sueños por completo. ¡Qué decepción tan grande dejaste en mí! Y qué difícil darme cuenta de que todo lo que un día me dijiste no fueron más que mentiras.

Me equivoqué al pensar que tal vez cambiarías e intenté justificar de alguna forma tu manera de quererme. Me fallaste una y otra vez, y al final, todas esas palabras bonitas volaron con el viento, quedando un completo silencio entre tú y yo. Fingiste quererme, y te creí. Te confié mi corazón, y solo lo dejaste lleno de desilusiones, de tristeza, y algo tan especial y bonito lo hiciste mierda.

Un día ya no amenazas, no discutes ni pides explicaciones.
Un día simplemente te vas.

Cuando te fuiste

Cuando te fuiste, vi caer más que mis sueños contigo;
También mi vida. Me vi envuelto en ese tornado
llamado soledad. Perdí la confianza en mí, nada tenía
sentido. Lloré tanto que, desesperado, te buscaba en
esa almohada que ahora está vacía. No te fuiste como
llegaste, porque te llevas mis ganas, mis sentidos y los
latidos de este corazón. No sabía por qué, si lo había
dado todo, pero luego entendí que era mucho para lo
poco que tú merecías.

Cuando te fuiste, no sabía ni quién era yo. Era un
desconocido para mí mismo. Mis ganas de comerme el
mundo ya no estaban. Me cambiaste todo: la risa por el
llanto, el amor por la tristeza. Me dejaste dolor,
decepción, amargura. Un ser totalmente diferente al
que un día te miró con un destello en sus ojos, se
deslumbró con tu mirada, hasta pensar que eras un
ángel. Me había enamorado tan profundamente de ti.
Te entregué mi alma, mi corazón, mi todo.

Constantemente revisaba tu perfil, y me dolía ver que
habías publicado una foto con tu nuevo amor. Quise
bloquearte, pero me di cuenta de que tenía que
empezar a sanar y devolverle un sentido a mi vida,
reconstruirme, empezar de nuevo. Pero no fue nada
fácil. Si bien tu recuerdo me lastimaba, tu traición me
hacía saber que debía olvidarte. Con madurez, porque

sé que, aunque tus brazos me condenaron al frío, también fueron mi hoguera.

Hoy te veo como a cualquier persona, sin sentir deseos de saludarte, sin esas cosas que llaman mariposas en el estómago. Me di cuenta de que ya no hay dolor, de que te he superado, de que mi corazón ha sanado.

Cuando te fuiste

Decidí partir porque, una vez roto algo, es difícil volverlo a pegar.

Inevitable adiós

Murieron las mariposas en el estómago que sentía cuando te veía; mis sueños contigo terminaron siendo pesadillas. Murió el amor por ti, lo mató la ausencia, las mentiras, las llegadas tarde con olor a infidelidad, las noches de soledad. Me cansé de todo, decidí partir, porque una vez roto algo es difícil volverlo a pegar. Mi corazón está triste, desconsolado, que terminó llorando, pero comprendí que era lo mejor para los dos. Tal vez dirás que fui cobarde, pero más cobarde es el que se queda, atrapado en ese laberinto de amarga conformidad. Fue hermoso mientras duró, pero terminó convertido en una escarcha de hielo; eso que una vez llamamos amor, ahora es un inevitable adiós.

Tú decidiste soltarme. Yo decidí cerrar con llave esa puerta por la que un día saliste.

El amor no es un error

No fuiste un error en mi vida; por el contrario, tal vez el error fui yo. Tengo la experiencia que me dejó tu amor. Esos recuerdos a tu lado los tengo aquí, del lado izquierdo de mi pecho. Donde guardamos todo lo hermoso que la vida nos deja, lo que no muere ni con el tiempo. Tengo tanto guardado de ti que tengo que expresarlo.

Nos dimos apoyo mutuamente cuando las adversidades nos golpearon. Me enseñaste otra forma de querer, como quizá no estaba yo acostumbrado. Fuimos necios y tal vez teníamos miedo de no saber cómo enfrentar las cosas. Pero lo cierto es que te quiero. No fuiste un error, eres el mejor acierto. Haberme encontrado contigo no fue cosa mía, fue del destino, el cual ni tú ni yo podemos cambiar porque ya estaba escrito.

La distancia no mata un sentimiento, y por más que nos alejemos, nuestros caminos volverán a encontrarse. Y si no me crees, pregúntate tú misma por qué no has dejado de extrañarme.

Arturo Pérez Durán

Valiente fue partir, cuando mi corazón moría por quedarse.

Hay que saber decir adiós

Hay que saber partir, decir adiós cuando ya sea el momento. Hay que saber marcharse en silencio, sin esos gritos que al final más daño nos hacen. Irnos con dignidad, sin la intención de hacer daño a quien en su momento fue nuestra mayor felicidad.

Tal vez hoy esos brazos nos dan frialdad, pero también nos dieron calor, abrigo y calma. Hay que aprender a partir con verdadera madurez de nuestra parte; decir adiós nunca será fácil. Habrá tristeza, dolor, enojos y emociones encontradas. Hay que aprender que en una despedida, no hay ningún ganador. Una historia no se borra, no se rompe, solo se le pone un punto final.

Arturo Pérez Durán

Vi al amor de mi vida abrazar al amor de su vida. Mientras la mía se hacía pedazos.

A quien me hirió

Hace tiempo que no sé de ti. He dejado de buscarte, de escribirte. Decidí darte ese espacio para ti sola que tanto te hace falta. Hoy te escribo estas líneas, aún con mi alma herida. No quiero llevar más rencor en mi vida y cerrar ese ciclo que tanto daño me causó.

Quiero desearte que seas feliz. Sé que muchos me dijeron que debería odiarte, pero sabes, ya no tengo tiempo para eso. Ya lloré lo suficiente, y no quiero que tú llores por amor, como lo hice yo por ti. Dicen que el amor es más letal que el fuego, calienta el doble y la destrucción es fatal, y yo lo comprobé cuando de ti me enamoré.

Tal vez te amé demasiado, que a pesar del daño que me hiciste, no quiero que el dolor y la tristeza toquen a tu puerta. Quiero desearte el bien, que todo fluya en tu vida y sonrías. Aliméntate, descansa y gracias por cruzarte en mi vida.

Arturo Pérez Durán

Mi corazón no murió de un balazo,
murió de un abrazo, un beso y un adiós.

Perdón por aun amarte

Perdona si aún te llamo amor. Perdona si aún guardo en un libro aquella primera flor. Perdona si aún te extraño; mi mente aún no puede olvidarte y mi corazón no deja de amarte.

Sé que ahora hay alguien más en tu vida, con quien compartes lo que en su tiempo fue conmigo, y espero que sepa amarte como tú lo mereces. Perdona por aún llamarte amor. No pude explicarle a mi corazón que me habías olvidado.

Lo cierto es que te amo, aunque no estés tangible a mi lado, aunque ya no pueda besarte. Te amo sin tenerte, sin tocarte. Aún eres la culpable de mis alegrías o mis tristezas. Perdona por no haberte olvidado. Perdóname, pero aún te amo.

Cuantas veces se te hizo un nudo en la garganta, cuando te enteraste de algo, que te destrozo por dentro y tuviste que fingir que todo estaba bien.

Mi nombre

Escucharás hablar de mí. Tal vez de quien menos te lo esperes. Verás mi rostro en la portada de un libro. Oirás mi nombre mencionar, y no sabrás si creer o tal vez no. Te contarán de mí y no podrás creer que me vieron feliz. El tiempo no borra todo como a veces se piensa. El amor no se muere solo con alejarte. La pregunta es, ¿qué harías si la persona que te pretenda pusiera en tus manos un poema con mi nombre? ¿Qué podrás decirle si siempre fui un secreto para ti? Tal vez te sorprendas, dudes en marcarme, y pienses en mí. Y tal vez entonces te des cuenta de que me echas de menos.

Tal vez entonces comprendas que, a pesar de la distancia, sigo estando en tu vida. Tan solo entonces sabrás cuánto me querías.

Aún sin olvidarte, seguí con mi vida, porque acepté que nunca volverías.

Siempre eres y serás tú

Quiero ser sincero contigo, aunque tal vez esté de más. Siempre eres y serás tú, porque ni yo mismo lo sé. Solo sé que no importa los años que pasen y si te vuelva a ver o tal vez ya no, estarás en mi vida. Porque formas parte de ella, me agobia y me va a doler, como ahora me duele no poderte ver. Tienes eso no sé qué, que me ha hecho quererte, y no me pidas que te lo explique porque simplemente el amor no tiene explicación.

Siempre eres y serás tú, incluso antes de conocerte ya eras tú. Me toca extrañarte, vivir con tu ausencia, añorando tus prisas, tus manías. Cada recuerdo tuyo, tus gustos, tus comidas, tus terquedades. Pero de alguna forma, yo también me quedaré en tu vida. Creo que fui el único que te sacaba tanto de quicio, y sé que también vas a recordarme, aunque digas que no. Cuando alguien te diga "Bonita", sabrás que soy yo, y sabrás que siempre eres y serás tú.

Se marchitó el amor, no le dimos el cuidado necesario. No dejamos que germinara. Nos faltó regarlo, abrigarlo; nos faltó todo.

Miedo a amar

Cuántas personas con sentimientos rotos, pero nadie se preocupa por escucharlas y ayudarlas a sanar sus heridas. Cuántos corazones se sienten solos, aun teniendo compañía. Cuántos cuerpos desnudos vemos, pero nunca podemos desnudar el alma, que tanto ansía ser acariciada. Tenemos miedo de amar, que preferimos romper a que alguien nos rompa. El miedo ahora es más fuerte que el verdadero sentimiento. Sabemos amar, pero nos da miedo.

Teníamos ganas, pero no fue suficiente, o tal vez solo era eso: quitarnos las ganas, y después pusimos la rutina como tonto pretexto para alejarnos.

Te digo adiós

Te digo adiós, pero te quiero por encima de la razón.
Debo irme, esta es mi despedida, porque junto a ti no
soy vida.

Debo ser fuerte, llorar no debes verme.

Te digo adiós y te deseo mucha suerte,

ya casi no hay tiempo, hay un tren que me espera.

Deja que te abrace y te dé el último beso,

eres esa mujer que llevaré siempre en mis recuerdos.

Toma, te dejo mis poemas, en ellos encontrarás los
versos de los muchos "te quiero".

Te digo adiós y me llevo de ti la sonrisa que me enamoró
al conocerte.

Y no te preocupes, voy a estar bien. Voy a extrañarte, no
voy a negarlo.

Te digo adiós, pero te quiero y olvidarte no sé si se
pueda. Mañana habrá muchas millas que me separarán
de ti.

Pero a la vez estarás muy cerca, porque de mi corazón
nunca te irás.

Amor propio

Sé que te pregunta por mí, ¿que cómo estoy? Tal vez ha de pensar que aún la extraño, pero no es así. Dile que yo la he olvidado, que saqué de mi corazón todo lo podrido que en él me dejó. Dile que ahora solo la recuerdo como la amarga pesadilla.

Dile que otra vez he vuelto a amar y que ese amor me llena el alma. Que hoy, después de mucho tiempo, he vuelto a sonreír. Dile que tengo un viejo nuevo amor, que se llama amor propio.

Decías que sin mí morías. Pero al final, me dejaste muriendo solo.

Arturo Pérez Durán

Te dicen

Dicen que te quieren,

pero no te cuidan.

Afirman que les importas,

pero no te escuchan.

Te dicen

Jamás te lastimaría,

pero te fallan,

te mienten,

se van, regresan

Y vuelven a irse.

Expresan que no quieren perderte,

pero te pierden

al no valorarte.

Te quieren

Pero la realidad es que

jamás te quisieron.

Si vas a irte, solo te pido un favor:
Cuando veas que he sanado,
no pienses en volver.

Fuimos todo

Ya no estaré allí, donde una vez fui el abrigo que ahora se marcha. No estaré presente en tus mejores ni peores momentos, ni seré el que te haga enojar por no tomar las decisiones que esperabas. Debo ser quien se aleja, aceptando que, estando contigo, nunca estuve realmente en tu vida ni en tu corazón. Debo partir, aunque un sentimiento me lastime por dentro, porque no sé si llegué tarde, demasiado temprano o si simplemente fuimos una equivocación del destino al cruzar nuestros caminos. Intentamos ser algo, pero tú dices que no fuimos nada. No creo que seamos las personas equivocadas; es triste, pero también fue hermoso, tanto que estoy seguro de que nunca podré olvidarte. Si en otra vida llegara a encontrarte de nuevo, intentaré que sea en el momento preciso. Hay algo de lo que sí estoy seguro: te amo y seguiré amándote, porque es verdad, no fuimos algo, fuimos todo.

Tu prioridad

Lamento comunicarte
que me retiro de tu vida.

Voy a redescubrirme a mí mismo,
a priorizar lo más importante,
aquello que realmente necesito.

Ya no puedo seguir esperando
que cambies; tu prioridad es la opinión de los demás,
la mía siempre fuiste tú,
pero parece que nunca te diste cuenta.

Arturo Pérez Durán

Te perdono, pero no te quiero cerca de mí, porque merezco mucho más de lo que eres tú.

.

No me fui

No me fui porque haya

dejado de quererte.

No me hubiera dolido tanto

si hubiese sido así.

Me fui porque cada discusión

me hacía trizas el corazón

y añicos el alma.

Porque cada vez estábamos

tan lejos, tan distantes,

tan cerca, tan errantes.

Me fui porque

ya no pertenecía al

sitio que una vez llamé hogar.

Arturo Pérez Durán

Mi versión

Te entregué mi mejor versión,

fui sincero al decir "te quiero".

Darte lo mejor de mí

para que todo estuviera bien

entre nosotros.

Pero fue en vano.

Te fuiste y esa versión

se hizo pedazos.

Después de un Adiós

Lo intentamos, pero toda canción tiene un final; toda herida debe sangrar para que pueda cicatrizar.

No era yo

Quise darte lo mejor de mí, ser ese confidente, el mejor amigo, el mejor novio y hasta el mejor amante. Estar para ti cuando más dolida estabas. Dijiste que habías salido de una relación difícil y complicada, y que por el momento no te sentías segura de estar con alguien. Lo entendí, porque sé lo que es amar y que te lastimen el corazón. Te abrigué del frío, te protegí de la lluvia, de la gente. Fui el hombro perfecto para ti.

Te vi llorar con esa película y me conmoví por completo. Te vi sonrojarte cuando te sorprendí con ese oso gigante y esa tarjeta donde te escribió un poema con tu nombre. Te acompañé en ese momento difícil de tu vida y te hice fiesta cuando te dieron un nuevo puesto en tu trabajo. Te acompañé y fui tu cómplice cuando te pusiste ese tatuaje que te gustaba, pero no querías que nadie supiera. Cambié mi música por tu música, mis gustos por los tuyos. Tus comidas favoritas ahora eran las mías. Hice lo tuyo como mío, pero nunca hiciste tuyo lo mío.

Un día sanaste tu herida y me dijiste adiós mientras sonreías con otro de tu mano._

Qué ironía, porque mientras tú te reconstruías, a mí me destruías el corazón. Hoy sé que no era yo ni seré yo a quien tú amas.

Después de un Adiós

Vas a sanar, porque ninguna tormenta es eterna

Si pudieras quedarte

Si pudieras quedarte, quiero decirte que no soy el hombre perfecto. No podré llenar todas tus expectativas, soy inseguro y tengo el corazón lastimado, pero soy sincero en mi forma de amarte. Si pudieras quedarte, no quiero prometerte un cielo que no podré darte, ni prometerte que todo será color de rosa, porque habrá algunos conflictos como en todas las parejas, pero siempre serás mi prioridad.

Hemos pasado por difíciles situaciones, donde a veces tenemos miedo de amar y volver a equivocarnos, de salir lastimados, pero el amor vence los miedos. Yo puedo vencer el mío, pero contigo. Si pudieras quedarte, no te diré que te amo por creerte perfecta. Al contrario, te amo por saberte imperfecta, así tal como eres, sin querer cambiarte nada, porque no vi tu cuerpo, vi tus cicatrices y fueron las que me hicieron enamorarme de ti.

Si piensas quedarte, cultivemos este amor bonito y curemos juntos nuestras heridas.

Sanar por dentro

De corazón deseo que sanes por dentro, que no te abrigue la tristeza, que no derrames más lágrimas. Por el contrario, deseo que sane tu alma y sonrías de nuevo. Aunque te confieso que mi alma se está haciendo trizas por dejarte ir, por no poder retenerte, porque a pesar de tanto amarte, comprendí que tú no me amabas lo suficiente y que de nada sirve estés aquí cuando tu alma estaba en otro lado, añorando los besos de alguien más. Tanto te amo que comprendo que no eres un pajarillo para estar en una jaula, mereces volar, por eso te doy la libertad, aunque yo me haga pedazos.

Arturo Pérez Durán

Darte lo mejor de mí fue el error que tarde comprendí.

Adiós amor cuídate

Un día tuve el valor para decir adiós a quien tanto amaba, aunque sentía morirme cuando la veía alejarse. Por dentro tenía las ganas de detenerla, decirle que nunca se fuera. Por dentro, mi alma se partía en pedazos, convirtiéndose en llanto.

Un día tuve que aceptar que el amor que mata no ama, que su inestabilidad fue un muro que nunca pude romper. Un día tuve que despedirme, aunque no quería, pero tenía que hacerlo. Tuve que sacar el coraje de soltar a quien tanto amaba, de decirle adiós, mi amor, cuídate.

Arturo Pérez Durán

Se conformó con amarla de lejos, aunque la tenía tan cerca.

Punto final

Te quiero, pero no puedo seguir soportando que me sigas lastimando, que hieras este corazón que cometió el único delito de amarte con tanta intensidad y que ahora está hecho pedazos. Me duele decir esto, pero ya basta, no puedo más. Necesito soltarte, alejarme de ti para siempre y reencontrar ese pasado mío antes de conocerte.

Dicen que no merecías mi amor, que no merecías mis lágrimas, y que yo no merecía a alguien como tú. Eso lo entiendo, pero mi corazón no lo comprendió así y se enamoró más de la cuenta. Me aferré a la tonta idea de que ibas a cambiar, creía una y otra vez, pero me cansé. Por eso, ahora soy yo quien debe dejarte ir, aunque esto me haga sufrir más a mí que a ti.

Soporté tantas cosas a tu lado: mentiras, engaños, innumerables decepciones. Hoy debo soportar esta pena que embarga a mi alma. Así que basta ya de tantas y tantas comas; hoy le pongo a nuestra relación un punto final.

Arturo Pérez Durán

No mata la soledad, lo que mata es estar con la persona equivocada.

Ya no te espero

Quizá no he dejado de quererte, pero sí de extrañarte, de esperarte, de llamarte, de lastimar mis días y mis noches. Ya no me importa dónde estés ni con quién estés. No me quedo estancado con tu imagen en mi pensamiento. Lloré, pero mis lágrimas sequé, aunque por dentro mi alma aún llora. Tengo que continuar con mi vida de pie por fuera, caído por dentro. El amor me deja una herida que a veces el tiempo no sana. Aun te quiero, aun te extraño, pero ya no te espero.

Debes irte; Sabes bien el camino, pero esta vez no regreses.

Amor sin final

Amor, tenemos que hablar. Sé que es difícil para los dos, pero es necesario. No quiero que nos gritemos, nos insultemos y lastimemos más nuestras almas. Fueron los momentos más hermosos que vivimos juntos. Me acuerdo cuando te conocí, me enamoré de tu manera de ser. Sonreíamos por todo, nos contábamos nuestra vida, compartimos sueños, tristezas, alegrías y algunos proyectos.

Ahora nos toca despedirnos, decir adiós a este amor, que nos faltó valor para cuidarlo y cultivarlo en nuestros corazones. Estoy triste, me siento morir por dentro. Me duele tanto, pero debo ser fuerte. ¿Recuerdas nos amábamos como dos locos, desesperados por vernos y besarnos tanto que las horas parecían segundos?

Por favor, prométeme que serás feliz, que volverás a enamorarte, a sonreír de nuevo. Sé que será difícil, pero eres una mujer extraordinaria y nunca, por muy lejos que estemos, ni aunque el tiempo pase, habré de olvidarte, porque este amor nunca tendrá final.

Arturo Pérez Durán

Aprendí de este fracaso. De las tormentas que tú provocaste.

Te deseo lo mejor

Te deseo lo mejor, que las cosas te salgan como tú lo esperas. Que te mudes a la casa de tus sueños, que todos tus planes se cumplan. Y aunque no lo creas, estaré muy orgulloso de ti. Te pido que no cambies esa actitud tuya, ese carácter, porque algo debo decirte: fue lo que más me enamoró de ti.

Sé valiente, como siempre lo has sido. Recuerda que eres una guerrera. Debo decir que nunca quise cambiarte, por el contrario, amé cada centímetro de ti. Naciste libre, así que ama tu libertad y vuela lo más alto que puedas. Demuéstrale al mundo de qué estás hecha.

Te pido que no me recuerdes, porque tal vez llores y eso no quiero. Te amé de la manera más intensa, pero el amor no se debe forzar, y te lo demuestro dejándote ir. Con el tiempo vas a darte cuenta hasta qué punto llegué a quererte.

Te rogué un te amo, un te extraño. Hoy le ruego a la vida que ya nunca te aparezcas en la mía.

No pido

"No pido que me quieras,

ámame con locura.

No me toques,

acaríciame el alma.

Cuando me veas

que estoy cayendo,

no solo me mires,

ni te insinúes.

Sedúceme, tócame,

que nuestros cuerpos

se necesitan.

No solo me extrañes,

ven por mí y llévame

a tu lado.

No solo me sueñes, tómame.

que también he de tomar

lo que es mío."

Te supere, sano mi herida, pero aún tengo la cicatriz, para seguirte recordando.

Un amor fallido

No voy a mencionarte con crueldad ni a juzgarte como alguien incapaz de amarme. Tampoco voy a señalarte ni asumir el papel de víctima. Fuimos parte de un amor hermoso, aunque lamentablemente no supimos cuidarlo.

Agradezco tanto los buenos como los difíciles momentos, ya que de ambos aprendí lecciones valiosas. Juntos construimos sueños, compartimos risas y también lágrimas. Nuestro anhelo de un amor eterno se desvaneció en el abismo de las rutinas y lo cotidiano.

Aunque nuestra historia no culminó como esperábamos, llevaré siempre esos recuerdos en mi corazón.

Arturo Pérez Durán

Quizá no te olvide. Pero si dejaste de importarme.

Perder para aprender

Perdí, pero aprendí.

Aprendí de este fracaso, de las tormentas que tú provocaste, de esas veces en que yo mismo tuve que darme fuerzas para dejar de alimentar tu ego, de estar para ti siempre que lo querías. Aprendí a quererme más y darme cuenta de que estando contigo me sentía más solo y olvidado. Aunque pensándolo bien, no perdí; por el contrario, gané, porque supe decir adiós cuando ya era necesario.

Me fui

Me fui

porque quedarme

era morirme lentamente,

atrapado en ese tornado de

discusiones donde nadie ganaba.

Porque dejamos de hablarnos

al oído para gritarnos, aun estando cerca uno del otro.

Me fui porque ya era necesario poner un alto,

volver a respirar, salvarnos

y dar tregua a nuestra guerra.

I.- Es mejor el dolor de la ausencia

Que una herida, lastimándote

Y al final terminas por acostumbrarte.

II.- Déjalo ir.

Si en verdad fuera el amor de tu vida.

Nunca se iría con alguien más.

Es en vano

Es en vano querer retener a alguien que no te hace feliz. No tiene sentido perseguir a alguien que solo te lastima, te humilla y te hace sentir que no mereces su amor.

Es triste estar con alguien y sentirse tan solo. Dejar ir no es fácil, pero es necesario. No te quedes en ese lugar, no te lastimes más, ni permitas que nadie más lo haga.

Nunca estarás sola; te tienes a ti misma para abrazarte y quererte más de lo que te prometieron quererte.

Más que antes

Aprendí que la confianza es frágil y que debo proteger mi corazón. Me equivoqué al confiar en quienes no debía, al dar sin recibir. Las lágrimas en mi habitación testifican el dolor causado por aquellos que lastimaron mi corazón. Las heridas en mi alma son incontables, los adioses son difíciles de contar.

El tiempo ha pasado, y la recuperación ha sido dolorosa. Reconstruir la estabilidad perdida no es tarea fácil, pero he aprendido a sanar. Superar el dolor de las decepciones fue un desafío, pero mi corazón volvió a amarse a sí mismo. En este proceso, he fortalecido mi confianza y he recordado la importancia del amor propio. Aunque las cicatrices persistan, ahora sé que soy más fuerte.

III.- "Aprende a soltar. Una mariposa no puede permanecer en la flor. No tengas miedo, el río fluye aunque no sepa su destino."

IV.- Soltar no es rendirse, sino comprender que aún hay más cielo.

Vas a sanar

Vas a sanar,

no sé cuándo, ni en cuánto tiempo.

A veces el dolor es tan extraño,

puedes pensar que será eterno,

pero un día, sin darte cuenta, ya habrás sanado.

Volverás a reconstruir esa confianza en ti

que habías perdido. Te pedirás perdón

por las tantas veces que dejaste de quererte.

Te darás cuenta de que merecías más de lo que te ofrecían:

más amor, más confianza, más sueños por cumplir.

Vas a sanar...

porque ninguna tormenta es para siempre.

V.- No es tu culpa

Eres poesía, pero no supieron leerte.

VI.- Quizá fue mucho lo que te daba

Por eso te fuiste. Porque te conformabas

Con muy poco.

No fue tu culpa

No fue tu culpa.

No te lastimes con más llanto,

él quiso irse, no lo prepararon

para tanto amor, porque solo sabía de migajas.

No te castigues, de amor no morirás.

Te golpeará la soledad, pero aprenderás también de ella.

El proceso te parecerá largo, pero nada es eterno.

Amarás tus heridas, porque ahora serás fuerte,

y tranquila, estarás bien. No olvidaste, pero sí sanaste.

Aprende a soltar

Te mintieron varias veces,

te hicieron creer que no eras suficiente,

te hicieron sentir culpable,

te lastimaron el corazón.

Pero sabes quién no era suficiente para ti,

era el amor que te ofrecían,

porque eres demasiado para conformarte con migajas.

No pierdas más el tiempo.

Aprende a soltar lo que te haga daño,

porque si te encariñas con la piedra,

acabarás descalabrado.

Por lo que un día fuimos

De corazón deseo que sanes por dentro, que no te abrigue la tristeza, que no derrames más lágrimas. Por el contrario, deseo que sane tu alma y sonrías de nuevo. Aunque te confieso que mi alma se está haciendo trizas por dejarte ir, por no poder retenerte, porque a pesar de tanto amarte, comprendí que tú no me amabas lo suficiente y que de nada sirve estés aquí cuando tu alma estaba en otro lado, añorando los besos de alguien más. Tanto te amo que comprendo que no eres un pajarillo para estar en una jaula, mereces volar, por eso te doy la libertad, aunque yo me haga pedazos.

Arturo Pérez Durán

Orar por amor

No siempre es necesario que

la persona que amas este contigo

para pedirle a Dios que la cuide

la proteja. A veces el amor es así

Amas a quien no puedes ver

Ni escuchar, pero en tu corazón

Siempre va a estar.

Orar por alguien es la manera más sincera,

más intensa de decirle te amo.

VII.- Tanto quisiste

Que te olvidaste de quererte a ti.

VIII.- Estarás bien.

Te equivocaste.

Ya sabes que no es ahí.

Ahora hay que seguir.

Arturo Pérez Durán

Volver a intentar

Quizá no serás
la misma,
pero no morirás.
Tendrás que afrontar
el dolor, la tristeza,
la ausencia,
pero vas a encontrar
otra alma
que te reconforte,
alguien que
te haga entender
que vale la pena
volverlo a intentar.

Te fuiste sin despedirte. Pensaste que iba a llorarte, pero te equivocaste, se le llora a un muerto, no al cobarde que se va.

Cómo olvidarme de ti

Tengo el corazón roto desde que te fuiste. No tengo ganas de nada; Quiero estar solo, llorar hasta desahogarme por completo. Necesito tiempo para sanar, dejar de pensar en ti. ¿Pero cómo? Si aún te siento aquí a mi lado, te nombro cada mañana. En cada verso que escribo, aún estás tú. Las canciones ahora son tristes, las siento vacías, me duele hasta la sonrisa, me faltas tú. Salgo a la calle y me quejo del mundo, de las injusticias y las preferencias para quienes no saben mover ni un lápiz. Sé que a ti también te molestaban esas cosas. Compartíamos todo, y ahora solo compartimos esta distancia que lastima, que duele, que me hace sangrar mi herida.

Hoy no respiro el aire, respiro tu ausencia, y mira qué triste es la distancia. Escribes "beso", pero no puedes darlo. Le dices "te quiero", pero no podrá escucharlo. Te confieso que no sé cómo olvidarme de ti.

El uno sin el otro

¿Cuánto tiempo ha pasado? Tal vez mucho, pero no lo he sentido. No sé cuántas veces he visto llegar la noche o las puestas del sol. Me he preguntado por ti tantas veces: ¿estarás bien?, ¿te estarás alimentando como antes?, ¿sigue siendo tu comida favorita la misma o la habrás cambiado? Te pienso aunque no quiero, pero te extraño y no puedo evitarlo.

Como la luz que se cuela por cualquier rendija, así te cuelas tú en mis sueños, en mis memorias. Te fuiste, pero tu recuerdo nunca se ha ido.

Me preguntan por ti, los amigos e incluso los extraños, y no sé qué decirles sin que me duela el alma. Decíamos que éramos el uno para el otro, y hoy somos el uno sin el otro.

Arturo Pérez Durán

Tenemos que irnos y, como el viento, cambiar de dirección.

Después de mí

¿Qué harás después de mí? Cuando lo nuestro llegue a su fin y esa despedida sea inevitable. ¿Cómo harás para olvidarme después de todo lo que juntos compartimos? ¿Cómo arrancar ese sentimiento del corazón que por mucho tiempo nos abrigó y ahora nos condenará al frío de la ausencia, la tristeza y el dolor? ¿Qué harás cuando todo esto termine y mañana nos tengamos que ver como dos desconocidos, tal vez saludarnos o pasar de largo sin voltear a vernos? Empezar de nuevo con nuestra vida, pero ahora yo sin ti y tú sin mí. Olvidarnos no será fácil, porque, aunque arranquemos las hojas del libro, nuestra historia está tatuada en nuestro corazón.

Mi corazón está colapsando.

Grita que vengas en su auxilio.

Sé que de amor nadie muere,

pero tu ausencia sí lo está matando.

Aun dueles

Aún dueles. Trato de sacarme tus recuerdos de la mente y no hay manera. Tus besos fueron balas que atravesaron mi alma y hoy la hacen sangrar. Aún dueles. Mi mano aún busca la tuya, pero ya no estás. Nuestras almas se amaron con tanta intensidad que acabaron estrellándose. Aún dueles. En mis sueños te siento tan real que puedo percibir el sabor de tus labios en mi boca, pero al despertar solo experimento el sabor amargo de la soledad que me recrimina por haberte dejado escapar. Aún dueles. Con tristeza veo cómo, como cristal, nuestro amor se hizo pedazos. Aún dueles. Plasmé en letras nuestro amor y hoy solo plasmo la tristeza que me dejó tu adiós.

Arturo Pérez Durán

Aún estás en mis recuerdos, pero en mi vida, nunca más.

Ya no te espero

Quizá no he dejado de quererte, pero sí de extrañarte, de esperarte, de llamarte, de lastimar mis días y mis noches. Ya no me importa dónde estés ni con quién estés. No me quedo estancado con tu imagen en mi pensamiento. Lloré, pero mis lágrimas sequé, aunque por dentro mi alma aún llora. Tengo que continuar con mi vida de pie por fuera, caído por dentro. El amor me deja una herida que a veces el tiempo no sana. Aún te quiero, aún te extraño, pero ya no te espero.

IX.- Aprendí que no debo insistir en quedarme
donde ya no me querían.

X.- Acepta que nunca vas a olvidarla,
pero debes aprender que se puede
vivir sin ella

Aun te amo

¿Has pensado en mí? Si escuchas mi nombre, ¿no sientes que se te mueven los recuerdos, que se abre esa herida que aún con la distancia no termina de cerrar? No sé si sea lo correcto por aún extrañarte, porque aún te llamo pero no respondes.

Dicen que en cada ruptura pasamos por un trance tan doloroso e irremediable. Y es cierto, porque a mí cada vez que escucho tu nombre o me preguntan por ti, siento como si una daga se clavara en mi pecho, dejándome un hueco que no tendrá sanación, porque incluso duele más.

Aunque ya no estemos juntos, aún sonrío cuando recuerdo tus palabras, tus gustos, todo lo que vivimos y que no morirá ni con el tiempo. Mis ojos se empañaron con las lágrimas. Aun te recuerdo y si me preguntan por ti, les diré que aún te amo.

Arturo Pérez Durán

Deja que se vaya.

No hay que retener lo que huye.

Que el espacio que hoy deja sea para algo mejor.

No perdiste

No perdiste, te perdieron

Sé que te sonara una

Frase muy trillada

Pero no quiero verte llorar

frente a un espejo, lamentándote

Porque lo que diste

por lo que hiciste

Me queda claro que

Te esforzaste, que amaste

más de la cuenta. Por quien solo te causó llanto

Y decepciones

No quiero que te hundas

en la depresión

Te quiero valiente

Sonriendo: porque

Tu alma ya lloro lo suficiente

Para entender que ese amor

No vale la pena.

Jugaste conmigo

Jugaste conmigo. No tuviste el valor para decirme en mi cara que ibas a irte, no fuiste capaz de enfrentarme. Sin decir nada, te desapareciste como cual mago en un acto de escapismo. Al principio, quise justificar tu ausencia pensando que tal vez tenías poco tiempo en tu trabajo, que, como siempre me decías, te exigía demasiado. Quise entenderte, porque dijiste que habías tenido un pasado muy difícil. Te defendía de todos aquellos que me decían cosas de ti, pero al final me di cuenta de que todo ese amor que decías tenerme era mentira. Fui solo un juego, y el tonto que ilusionaste con palabras bonitas.

Jugaste conmigo y rompiste todas mis ilusiones, porque un día me di cuenta de que nunca terminaste tu relación y que yo solo fui el plato de segunda mesa.

Sin despedirte

Sin despedirte, así, sin ninguna explicación, abandonaste el nido y decidiste volar, dejando incluso tus cosas para hacerme creer que volverías. Y te esperé, vaya que te esperé. Pero todo fue en vano porque nunca volviste. Aunque dejaste la casa impregnada de tus recuerdos, no quise cambiar nada, no quería que te molestaras si tus cosas no estaban en su lugar. Trataba de tener todo como a ti te gustaba.

Pero un día llegué y tu ropa había desaparecido. Solo dejaste los recuerdos y algunas cosas que tal vez consideraste como inservibles, pero que yo abrazaba como el tesoro más preciado. Entendí que ya no volverías, comprendí que te había perdido. Quería llamarte, reclamarte, reprocharte hasta el cansancio e incluso maldecirte, pero ya nada tenía caso. Debía darme cuenta de que habías decidido volar y yo no debía cortarte las alas.

Arturo Pérez Durán

Tenías miedo de perderme y me perdiste,

porque cuidarme no supiste

Mi corazón es tu hogar

Me dicen que has muerto, pero no es verdad. Porque mientras yo viva, tú también vivirás. Ahora mi corazón es tu casa, es el hogar donde estarás siempre. Puedes poner esa música que tanto te gustaba escuchar; estoy seguro de que harás latir mi corazón con tanta fuerza. Sé que me cuidarás como lo prometiste, que me acompañarás en los momentos de tristeza, que no me dejarás caer, que sostendrás mi mano y estarás ahí para regañarme porque volví a dejar los trastes sucios, porque aún no aprendo a limpiar mis zapatos ni a vestirme adecuadamente.

La verdad es que te extraño mucho y sufro al no verte. Siempre me dijiste que era muy valiente, pero lo cierto es que tú me hacías fuerte. Ahora me siento como un niño desamparado sin ti, pero de algo estoy seguro: no te fuiste, sigues y seguirás a mi lado porque ahora mi corazón es el hogar donde vivirás y estarás siempre.

Arturo Pérez Durán

Tengo tantas cosas que quisiera contarte, pero mis cartas no pueden llegar al cielo.

El recuerdo que dejo

No puedo... De verdad que lo intento, pero no sé cómo continuar mi vida sin ti. Aún creo verte sentada en esa silla que tanto te gustaba, leyendo ese libro de poemas que nunca terminaste. Lo hojeo por unos momentos y veo que dejaste marcadas algunas frases de los poemas que te gustaban. Pongo tus canciones, que, a pesar de tener ritmo, las siento tristes. No imaginas lo vacía que se siente mi vida sin ti.

Me dicen 'déjala ir'... Pero, ¿cómo dejar ir al amor de tu vida? ¿Cómo hacer que no me duela su ausencia, si aún está aquí sin estarlo, sin tocarla, sin verla, pero extrañando cada recuerdo que dejó? Nadie sabe que con ella también se fue mi alma, mi vida y mi todo.

El dolor de ver partir

¿Cómo explicar la dolorosa pérdida de lo que tanto amas? ¿Cómo expresar la sensación de desmoronamiento al ver su cuerpo en un silencio completo, cuando días antes su sonrisa iluminaba mi existencia?

Me duele el alma. No hay palabras que puedan aliviar mi dolor, ni abrazos que me brinden el calor que ella solía darme. Miro al cielo, pidiéndole a Dios que me diga qué hice para merecer este dolor que ha sumido en luto a mi corazón. No lo entiendo y quizás nunca lo entenderé.

El dolor es tan intenso que siento que no puedo respirar; temo que mi corazón se detendrá en cualquier momento.

'No te vayas, por favor, no me dejes, mi amor', me aferraba a su féretro, donde cuatro cirios con velas grandes lo iluminaban. Sin embargo, dentro de mí sentía una oscuridad abrumadora y una rabia incontrolable cuando personas que ni conocía me expresaban sus condolencias. Nadie podía comprender lo que estaba sintiendo, y yo también sentía que me estaba muriendo. La desesperación de mirar al cielo y suplicar que no se la llevara puede resultar incomprensible._

'Ya se fue, déjala ir', me decían, pero es tan fácil decirlo y tan difícil entenderlo. Siento escalofríos recorriendo mi cuerpo, un hueco profundo en el estómago que me impide respirar. Nada será igual, ni volverá a serlo. En la mesa siempre habrá un lugar vacío, una silla sin ocupar, y un recuerdo que ni el tiempo podrá borrar.

Arturo Pérez Durán

Cuéntame de ti.

¿Cómo es allá en el cielo?

Dime que estás mucho mejor que aquí.

Dime que también me extrañas, como yo a ti.

El último adiós

Cuando llegue ese momento en que tenga que dejarte y mis ojos se hayan cerrado para siempre, te conozco bien y sé que te aferrarás a mi cuerpo llorando desconsolada. Tal vez llegues a culpar a Dios por esa inevitable separación, así que quiero decirte que no estarás sola; es un adiós temporal.

Tienes que rehacer tu vida e iniciar de nuevo con mucha valentía. Te encontrarás con los que ayer fueron mis amigos y querrán hablarte de amor y otros tipos, intentarán molestarte. Sé que no será nada fácil, pero yo sé la gran mujer que eres y sabrás cuidarte.

Por favor, no te refugies en la soledad y en la tristeza. Quiero que vuelva a brillar esa sonrisa con la que yo me enamoré. Recuerda que eres bonita, esa chica que nunca se da por vencida y que siempre será el amor de mi vida. Algún día nos volveremos a encontrar, pero todo será en su momento.

Arturo Pérez Durán

Debo irme

Debo irme. La casa no la siento mía.

Los besos se hicieron costumbre, no pasión.

Debo irme, pero no he dejado de quererte. Prefiero esta herida que tapar una mentira.

Debo irme, quizá con el alma rota, pero no con un futuro donde veamos caer nuestra vida en pedazos.

Debo irme, nos estábamos ahogando, y ahora entiendo que si quiero, pero a tu lado no puedo. Decido saltar sin ti.

Perdóname, pero esto que hoy nos causa dolor, mañana será nuestra mejor decisión.

Debo irme, pero no es egoísmo. Es que debemos querernos más

Quien dime tu

¿Dónde guardarás las canciones que te recuerdan a mí? ¿A quién le dirás que hay unos poemas escritos especialmente para ti? ¿Qué te cambió el nombre porque te daba pena que supieran quién eres? Cuando me eches de menos, ¿dónde pondrás tu hombro si no estaré a tu lado? ¿A quién llamarás cuando la tristeza te agobie? ¿Qué contestarás si te preguntan por mí? ¿Qué harás si alguien te dedica uno de mis poemas? Plasmé tanto de ti en ellos que cualquiera dirá que son tuyos. ¿Quién te dirá que no te rindas y te motivará a cumplir tus sueños? ¿Quién, dime tú? Y no sabes qué decir, porque no hay quien, porque estoy yo para curar tus heridas, para leerte mis poemas, para escuchar juntos esas canciones. Para decirte que te quiero todos los días, para comprenderte, escucharte, mimarte. Pero somos dos tontos jugando al olvido cuando nuestras almas lo único que quieren es encontrarse.

Fui yo

No eras tú culpable, fui yo, que me resistía a darme cuenta de que amar es de dos, no solo de uno. Fui yo que no aceptaba que soltarte era necesario. Te até a mí y los dos moríamos lentamente. Fui yo, porque por más poemas que te escribí, en ninguno estabas tú. Construí castillos de amor ficticio que terminaron por derrumbarse, cayendo los pedazos en mi lastimado corazón. Fui yo que, por cobardía, me aferré a ti. Más hoy, con valentía, a esta historia le pongo un punto final.

Arturo Pérez Durán

Un beso

Quiero un beso tuyo,

el último, pero como si fuera el primero.

Un beso que me acaricie el alma,

me haga perder la calma.

Un beso que diga lo que el silencio

del adiós nos deja.

Un beso que me lleve a los veranos

juntos y que mañana serán añoranzas.

Un beso para soñar despierto,

que llevaré en mis recuerdos

de este amor que ahora pierdo.

Detrás de la ventana

Detrás de la ventana, veo pasar la vida... Con tardes interminables, esperando que aparezcas. Pero pasa la primavera y llega hasta el otoño, y tú no llegas. El frío del invierno comienza a hacer estragos en mí, y siento cada vez más tu ausencia.

Detrás de la ventana, veo pasar personas. Veo caer la lluvia, el cielo con nubarrones que a veces parecen algodones blancos como nieve. Veo niños correr, jugando a encontrarse, y yo no te he encontrado a ti. Es un amor sin respuesta porque llamo y no respondes.

Veo el aura de la mañana hasta ver caer la tarde, las estrellas y la luna asomándose, alumbrando la oscura noche.

Detrás de la ventana, o tal vez detrás de un espejo que refleja una vida que, sin darnos cuenta, dejamos escapar, extrañando a quien ya no está

No tuve que bloquearte

ni eliminarte de ninguna de mis redes.

Tampoco me fui huyendo de mi ciudad; por el contrario, tuve la madurez para verte sonreír con tu nuevo amor.

Tuve la madurez para incluso saludarte, y aunque por dentro sentía que mi mundo se desmoronaba, sacaba fuerzas para sonreírte.

MIS OJOS

Mis ojos han visto lo roto de mi alma Cuando la tristeza me desgarraba, se teñían de lágrimas que no podía detener. Mis ojos vieron suplicarle a Dios que me abrazara mucho más fuerte, porque me sentía caer. Mis ojos vieron antes que nadie que soy fuerte, perseverante, que peleé sin importar lo duro de mis batallas. Mis ojos vieron sufrimiento, pero también alegría, satisfacciones, sonrisas. Solo mis ojos vieron mi historia, que nadie más que yo podría contar, ni mucho menos mis zapatos podrían usar. Mis ojos ven mi vida y todo lo que me ha dado, ven mi alma que a través de ellos reflejo.

Arturo Pérez Durán

Te busco

Te busco

en las noches de insomnio,

platico con la luna,

es la única que puede ver

esta tristeza.

Te busco entre la gente,

en las canciones, en mi mente,

en cada cosa que deja tu recuerdo.

Te busco hasta encontrarte

en mis sueños,

pero te pierdo cuando despierto.

Fui yo

No eras tú culpable, fui yo, que me resistía a darme cuenta de que amar es de dos, no solo de uno. Fui yo que no aceptaba que soltarte era necesario. Te até a mí y los dos moríamos lentamente. Fui yo, porque por más poemas que te escribí, en ninguno estabas tú. Construí castillos de amor ficticio que terminaron por derrumbarse, cayendo los pedazos en mi lastimado corazón. Fui yo que, por cobardía, me aferré a ti. Más hoy, con valentía, a esta historia le pongo un punto final.

Que le vaya bien

Que le vaya bien, donde quiera que se encuentre. Que encuentre el amor que tal vez no pude darle. No puedo odiar a quien me dio calor y abrigo. No niego que es difícil, porque en mí hay tanto de ella que no puedo, ni podré olvidar. Me hubiera gustado decirle que no se fuera, pero detenerla sería cortarle las alas y ella merecía volar.

No olvides esto:

Mereces más, mucho más,

de lo que él te ofrecía.

XI.- Demasiado tarde fue darte cuenta

que no se puede encontrar en alguien más

lo que tenías conmigo

XII.- No se puede cambiar el pasado,

pero se aprende de las lecciones.

Cuando fue

¿Cuándo fue que nos pasó? ¿Cuándo fue que nuestro fuego se volvió hielo? Que el amor se hizo costumbre, cuando pasábamos de la miel al amor de hielo. ¿Cuándo cambiamos el silencio por los gritos? ¿Cuándo fue que las largas llamadas se hicieron cortas y llegaron las excusas y los reclamos? ¿Por qué no nos dimos cuenta cuando aún era tiempo? ¿Por qué dejamos que pasara? ¿Por qué no lo evitamos? Ahora la ausencia nos duele, ahora somos dos extraños que tarde se dieron cuenta de que aún se aman.

Olor ha pasado

¿Que si aún te pienso? Sí, pero ya no como antes. Ya no malgasto ni mis noches ni mis días, ni me abruma la melancolía. Ya no espero tu llamada, ni derramo lágrimas, no extraño tu ausencia.

Porque alguien supo llenar el vacío que dejaste. Ya no eres mi presente, ahora eres mi pasado, que dejo guardado en mi maleta llamada olvido.

Hoy veo mi felicidad, pero ya no eres tú el motivo. Ayer olía tu perfume, ahora, solo olor ha pasado.

Logre olvidarme de ti

Dejé de extrañarte, de esperar tu llamada.

Dejé de ver tus estados de WhatsApp,

que en realidad nunca fueron para mí.

Te cambié el nombre en mis contactos,

Perdí las ganas de escribirte algún mensaje o por Messenger.

Me cansé de que siempre me dejaras en visto.

Dejé de buscarte en mis sueños,

de esperarte en mis frías madrugadas.

Volví a descolgar la vieja guitarra,

saqué la libreta y volví a escribir,

pero ahora mis poemas ya no eran para ti.

Sequé las lágrimas de tu adiós,

borré tus recuerdos y tus palabras vacías,

de cuando decías que me querías.

Me cansé de ser agua para un desierto,

por alguien que de amor no sabía.

Nunca tuve un lugar en tu vida.

Arturo Pérez Durán

Me dolió darme cuenta de muchas cosas,

que hoy prefiero callar.

Derramé lágrimas, no lo niego,

pero con el tiempo logré olvidarme de ti.

No vuelvas a irte

Me preguntan por ti tantas veces, y aunque no quisiera, me duele esta tristeza. Un adiós tan extraño, como lo es la pregunta que no tiene respuesta. Tan imposible es no extrañarte como imposible es querer separar la sombra de la tierra. Me hace daño no saber de ti, pues a medias has dejado mi vida. Mi corazón está tan frágil que puede romperse en pedazos y solo tú puedes reconstruirlo.

Creo que hasta puedo caminar descalzo entre espinas y no me duele tanto como me duele no verte. Porque en mi interior todo quedó destrozado, sin ti no es lo mismo. ¿Cómo hago que lo entiendas? Si escribo, es por ti y para ti, y si mis letras no te dicen nada, que sea mi ya tan lastimada alma la que te dice: regresa y por favor, no vuelvas a irte.

No me olvides

Amor,

Te escribo porque tal vez ya no habrá un mañana, y si lo hubiera, lejos estoy que sea contigo. No quise cambiarte nada; por el contrario, si la mujer perfecta existe, estoy seguro de que eres tú. Me llevo de ti tantos recuerdos, tantas nostalgias que abrigarán mi corazón. No fui el hombre de tus sueños, pero sí el que más te amó. Tienes razón en todo: soy necio, testarudo y egoísta. No supe amarte de la mejor manera. No pude darme cuenta, hasta hoy, de la montaña de mujer que estaba conmigo. Y que hoy se va por el horizonte, llevando consigo mi alma y mi corazón.

Amor,

Te escribo y perdona si algunas letras se ven borrosas; es que mi llanto no pude contener. Guardaré cada recuerdo tuyo, cada sonrisa y esos ojos que me cautivaron desde el primer día. No olvides que te amo.

Que le digo

¿Qué le digo a mi corazón cuando por ti pregunté? ¿Qué estás en mis sueños, en mi mente pero no en mi vida? ¿Qué le digo a este corazón que en cada latido te llama? Lastimarlo no quiero. ¿Qué le digo? Que también te extraño, pero no te tengo a mi lado. ¿Qué le digo si lo he visto llorar amando tu presencia, como también tu ausencia? ¿Qué le digo? Que estás en mis noches, pero no en mis días. Si tan solo pudieras escuchar las veces que te ha llamado diciendo: "Mi amor, te amo", pero tú no llegas a su llamado. Dime, ¿qué le digo a mi corazón si todos los días te dice: "Ven, te pido por favor que te quedes"? Mañana verás que irte ya no quieres.

Cuando un amor se va

Cuando un amor se va, el corazón queda triste, lleno de recuerdos imborrables. Las fotografías y canciones que compartieron juntos se convierten en vestigios de un pasado que ya no volverá. El "te quiero" que una vez resonó queda atrapado en el eco del silencio.

La soledad regresa como una sombra fiel cuando un amor se va. Intentarás olvidar, resistir la tentación de extrañar, pero el vínculo emocional se aferra a tu ser.

Es como si el corazón se partiera en dos cuando un amor se va. Te quedas con una mitad, y la otra se va con aquel a quien tanto amaste. Así me quede cuando vi partir ese amor.

Mi corazón y mi adiós

Yo sé que tengo el alma herida, amor, al decirte esto y por lo mucho que te quiero, me duele más. Me quedé con el corazón herido y el amor entero que para ti había guardado y no te pude dar. Hoy tengo ya mis alas rotas, tú las has cortado, y tantos sueños que tenía los vi derrumbar. Aunque me está causando llanto, debo ser sincero, sé que partir no quiero, pero no me queda más.

Te entrego a ti mi corazón, yo ya no lo quiero. Porque me está causando daño el tenerlo aquí, sé que te ama tanto y tal vez yo te olvide, pero él jamás podrá olvidarte, esa es la verdad. Es tuyo ya mi corazón, has con él lo que tú quieras, pero no te olvides nunca de este que te ama y que hoy te entrega su corazón y te dice adiós.

Arturo Pérez Durán

Letras de mi alma

Dicen que mentir es la profesión de un escritor

que inventa halagos, así como historias

Pero nadie vive mi vida como yo mismo. Todo lo que te escribo es en verdad de mi alma. Es el verdadero sentimiento al desnudo.

Sin mentiras, sin engaños

Porque ni siquiera tú misma viste

las lágrimas que derrame al escribirte. Porque tú misma, aunque me leías

Podrías comprender el sentimiento plasmado en cada letra y que llevo dentro de mí. Porque han sido tan intensas mis emociones

Que la forma de sentirme vivo es escribiendo

Desahogarme, sacar la tristeza, la decepción

Las lágrimas convertidas en poesía. Solamente a ti te escribí las letras de mi alma

Yo no pedí ser escritor, solo quiero dejar

algo de mí que no muera, que me recuerden

Por mis letras, no por mi persona.

Agradecimiento

Gracias por comprar este libro el cual quizá no fue hecho con la mejor calidad pero sí con toda mi alma. Gracias porque tú eres mi único juez. En la soledad salen las palabras que mi sentir me dicta. Yo no soy escritor, tú me hiciste escritor cuando comentas, cuando me escribes, muchas veces no te conozco, pero haces mucho más por mí que aquellos que consideró mis amigos. Por eso te escribo a ti. A mi querido lector, ustedes son nuestros héroes porque también sufrimos al plasmar nuestro sentimiento. Por eso desde el fondo de mi corazón gracias por existir y hacerme existir.

Arturo Pérez Durán

Después de un Adiós

Arturo Pérez Durán

Después de un Adiós

Made in the USA
Columbia, SC
15 February 2025

53878321R00088